MARIE, *au public.*

AIR : *Cœurs sensibles, cœurs fidèles.* (Figaro.)

Thibault aimait trop les dames,
(Si on peut les aimer trop.)
Il brûlait pour toutes les femmes;
On dit que c'est un défaut.
Ah ! pardonnez-lui, mesdames;
Les autres défauts qu'il a,
En faveur de celui-là. (*bis.*)

CHOEUR.

AIR : *La beauté fait toujours,* etc.

La beauté dans ce jour s'unit à la vaillance,
Et parmi nous vient habiter les camps;
Braves guerriers, nous savons qu'en tout tems
Mars, l'Amour et Vénus furent d'intelligence.

FIN.

LE BACHELIER

DE SALAMANQUE,

COMÉDIE EN UN ACTE,

MÊLÉE DE VAUDEVILLES,

par M. Scribe

Représentée, pour la première fois, à Paris, sur le Théâtre des Variétés, le 18 janvier 1815.

~~~~~~~~~~~~~~
~~~~~~~~~~~~~~

A PARIS,

Chez Madame MASSON, Libraire, Éditeur de Pièces de Théâtre et de Musique, rue de Richelieu, n° 7, vis-à-vis le Théâtre Français.

———

1815.

PERSONNAGES.	ACTEURS.
GONZALES, barbier-chirurgien.	M. TIERCELIN.
Mad. GONZALÈS, sa femme.	Mad. MENGOZZI.
CHRISTINA, leur fille.	Mlle. ALDÉGONDE.
CARAMBOLA, bachelier.	M. BOSQUIER.
TORRIBIO, alcade.	M. LEFÈVRE.
SCIPION, son fils.	M. VERNET.
L'alguasil PACHÉCO.	M. MELCOURT.

La scène se passe en Espagne, à quelques lieues de Salamanque.

Le Théâtre représente un appartement meublé dans le goût espagnol. Une porte au fond, deux portes latérales, un cabinet à gauche, une croisée et un balcon saillant à droite.

Il est sept heures du soir.

LE BACHELIER DE SALAMANQUE,
COMÉDIE.

SCÈNE PREMIÈRE.

CHRISTINA, SCIPION. *(Il fait nuit.)*

SCIPION, *en dehors.*

Christina, est-ce toi ?

CHRISTINA, *à la croisée.*

Scipion !... oui, c'est moi.... mais prends bien garde.... attends, je tiens l'échelle.

SCIPION, *paroissant.*

Tiens bien au moins.. je suis si maladroit.

CHRISTINA.

Ce pauvre petit cousin !... Il y a donc bien long-temps que tu es sous le balcon.

SCIPION, *d'un ton pleureur.*

Je le crois bien. Ce matin, je me suis échappé de l'Université, et j'ai quitté Salamanque au point du jour, comme tu me l'avais indiqué par ta lettre.

AIR : *Hermite, bon Hermite.*

Depuis une heure entière,
Je grelottois là-bas.
J'ai si peur de ta mère.

CHRISTINA.

Tais-toi, parle plus bas.

SCIPION.

Mes peines sont finies,
Je revois tant d'appas.

CHRISTINA.

Mais, vraiment, tu t'oublies.

SCIPION.

Mon Dieu ! les jolis bras !

CHRISTINA.

De semblables folies
La nuit ne se font pas.

SCIPION.

C'est la nuit, au contraire,
Qu'il faut en faire,
Puisqu'on ne les voit pas.

PERSONNAGES.	ACTEURS.
GONZALES, barbier-chirurgien.	M. TIERCELIN.
Mad. GONZALES, sa femme.	Mad. MENGOZZI.
CHRISTINA, leur fille.	Mlle. ALDÉGONDE.
CARAMBOLA, bachelier.	M. BOSQUIER.
TORRIBIO, alcade.	M. LEFÈVRE.
SCIPION, son fils.	M. VERNET.
L'alguasil PACHÉCO.	M. MELCOURT.

La scène se passe en Espagne, à quelques lieues de Salamanque.

Le Théâtre représente un appartement meublé dans le goût espagnol. Une porte au fond, deux portes latérales, un cabinet à gauche, une croisée et un balcon saillant à droite.

Il est sept heures du soir.

LE BACHELIER DE SALAMANQUE,
COMÉDIE.

SCÈNE PREMIÈRE.

CHRISTINA, SCIPION. *(Il fait nuit.)*

SCIPION, *en dehors.*

Christina, est-ce toi ?

CHRISTINA, *à la croisée.*

Scipion !... oui, c'est moi.... mais prends bien garde.... attends, je tiens l'échelle.

SCIPION, *paroissant.*

Tiens bien au moins.... je suis si maladroit.

CHRISTINA.

Ce pauvre petit cousin !... Il y a donc bien long-temps que tu es sous le balcon.

SCIPION, *d'un ton pleureur.*

Je le crois bien. Ce matin, je me suis échappé de l'Université, et j'ai quitté Salamanque au point du jour, comme tu me l'avais indiqué par ta lettre.

AIR : *Hermite, bon Hermite.*

Depuis une heure entière,
Je grelottois là-bas.
J'ai si peur de ta mère.

CHRISTINA.

Tais-toi, parle plus bas.

SCIPION.

Mes peines sont finies,
Je revois tant d'appas.

CHRISTINA.

Mais, vraiment, tu t'oublies.

SCIPION.

Mon Dieu ! les jolis bras !

CHRISTINA.

De semblables folies
La nuit ne se font pas.

SCIPION.

C'est la nuit, au contraire,
Qu'il faut en faire,
Puisqu'on ne les voit pas.

Dis-moi, ça n'est pas que j'aie peur..... mais sommes-nous bien en sureté?

CHRISTINA.

Et qui peut nous surprendre? le seigneur Gonzalès, mon père, l'unique et sans contredit le plus habile barbier de ce village, va partir pour Cuença, où il faut qu'il soit demain matin, ma mère doit l'accompagner, nous serons seuls.... j'ai fait une petite galette, et nous la mangerons ensemble.

SCIPION.

Ce sera charmant! avec ça, moi qui aime tant la galette.

AIR : *On se chagrine trop vite.*

La galette a ma tendresse,
Pourtant je t'aime encor mieux,
Et voudrois pouvoir sans cesse
Vous dévorer tous les deux.

CHRISTINA.

A peine te reconnois-je,
Dieu! quel changement subit!

SCIPION.

C'est que trois mois de collège
Vous ouvrent bien l'appétit.

CHRISTINA.

Mais sais-tu que ça ouvre aussi l'esprit.

SCIPION.

Ils se sont tant moqués de moi.

CHRISTINA.

Comment ils ont osé.... pauvre Scipion! conte moi donc ça; il est vrai qu'en partant, tu étais sage comme une jeune fille.

SCIPION.

Voilà pourquoi on me traitait d'hypocrite.... Heureusement j'ai fait connoissance avec un nommé Carambola, un bachelier de Salamanque, qui va bientôt commencer son tour d'Espagne, et qui même passera peut-être par ce village; c'est un drôle de corps qui rit sans cesse, et qui m'a pris en amitié parce que je pleurais toujours; mais cette amitié là ne me consolait pas d'être séparé de toi... aussi, c'est ton père.

CHRISTINA.

Eh! non, ce n'est pas lui; ton père et le mien avoient formé le projet de nous marier un jour; c'est ma belle mère seule, qi s'y est opposée.

AIR : Vaudeville de irons-nous à Paris?

Elle aime à faire des conquêtes :
Pour plaire elle a plus d'un moyen.
Aux autres conte-t-on fleurettes?
C'est autant de pris sur son bien.
Non, que je l'accuse d'envie ;
Mais elle veut, chacun le voit,
Parce qu'elle est encor jolie,
Que personne ici ne le soit.

Et puis, je crains qu'elle ne me destine au vieux corrégidor.

SCIPION.

Et quand la femme a dit : je ne veux pas, le mari doit donc se taire?

CHRISTINA.

C'est toujours comme cela dans les ménages bien organisés; mais je n'ai pas perdu l'espérance, et je me flatte....

MAD. GONZALÈS, *en dehors.*

Christina?

SCIPION.

Oh! ciel! voilà madame Gonzalès!

CHRISTINA.

Où te cacher?... tiens; dans ce cabinet; ce ne sera pas pour long-temps.

SCÈNE II,
MADAME GONZALES, CHRISTINA.

MAD. GONZALÈS.

Voyez si cette petite fille me répondra.... allez aider votre père à faire sa valise.

CHRISTINA.

Comment vous allez donc partir.... Qu'est-ce que je vais faire ici, toute seule à la maison?

MAD. GONZALÈS.

Mon départ te fait donc bien de la peine? Eh! bien, console-toi, je reste; j'ai changé d'idée, je n'accompagnerai pas mon mari.

CHRISTINA, *stupéfaite.*

Comment vous restez?

MAD. GONZALÈS.

Sans doute, on dirait que vous en êtes fâchée.

CHRISTINA.

Moi? au contraire; Ah! que je suis contente! *(à part.)*

Ah! mon dieu! quel contre temps! quel contre temps.
(Elle s'en va.)

SCÈNE III.
Madame GONZALÈS, M. GONZALES.

GONZALÈS, *en robe de chambre.*

Eh! bien, madame Gonzalès, tout est pret pour mon voyage.

MAD. GONZALÈS.

Encore voyager?

GONZALÈS.

Ma femme, il y a trois choses nécessaires en ménage : de l'argent, de l'argent, et encore de l'argent.

MAD. GONZALÈS.

Ce procès-là ne t'en rapportera pas, puisqu'il ne finit pas.

GONZALÈS.

Dame, tu crois qu'on expédie un procès comme un malade, c'en est un qui ne veut pas payer, cependant il en est revenu; une autrefois ça sera une leçon. A propos, j'ai vu ce matin le compère Torribio, qui m'a encore reparlé du mariage de son fils Scipion avec ma fille (*Mad. Gonzalès fait un mouvement d'impatience*), je l'aime mieux que ton corrégidor Inigo, Riolès della plata, qui a bien des noms, mais qui n'a pas un maravédis.

MAD. GONZALÈS.

Ne me parle pas de cela dans ce moment ci, ton départ me fait trop de peine.

GONZALÈS.

Dis-moi pourquoi tu pleures comme ça quand je m'en vais, et que quand je reste tu n'as pas l'air de t'amuser.

MAD. GONZALÈS.

C'est bien facile à expliquer.

AIR : *Vaudeville de Partie carrée.*

Lorsqu'ici je te vois sans cesse,
Je ne sens pas tout mon bonheur ;
Mais quand tu pars, j'éprouve à ma tristesse
Combien pour toi j'avois d'ardeur :
C'est-là l'effet de l'amour véritable ;
Et je le sens, jamais hélas !
Tu ne me sembles plus aimable
Que lorsque tu t'en vas.

GONZALÈS.

C'est là aimer !

DE SALAMANQUE.

SCÈNE IV.
Les mêmes, CHRISTINA.

CHRISTINA, *apportant un manteau et une canne.*
Mon père, voilà tout ce qu'il vous faut.

GONZALÈS.
Adieu, ma femme, adieu, ma fille.

AIR : *Fragment du Tableau parlant.*

ENSEMBLE.

GONZALÈS.	Mad. GONZALÈS.
Il faut, hélas! que je te quitte,	Eh! pourquoi donc partir si vite?
Quoiqu'à rester l'amour m'invite.	Sur tes dangers mon cœur palpite.
Sèches tes larmes.	Hélas! hélas! me séparer de toi.
J'ai pris mes armes;	
Je reviens bientôt près de toi.	Ah! peux-tu t'éloigner de moi!

CHRISTINA.
Pauvre Scipion! tâchons bien vite
Qu'il puisse au moins prendre la fuite.
Hélas! hélas! je meurs d'effroi!
Plut au ciel qu'il fût loin de moi.
(Gonzalès et Christina sortent.)

SCÈNE V.
MADAME GONZALÈS, *seule.*

Ce bon Gonzalès est bien le meilleur des maris!... il a mille qualités, et n'a qu'un seul défaut; c'est de trop aimer son état, et parce qu'il aime son état, il aime l'argent, et parce qu'il aime l'argent, il est avare, et parce qu'il est avare, il est quinteux, bizarre, et ne se permet aucun plaisir; enfin, c'est aujourd'hui ma fête, il n'y a seulement pas pensé; aussi je crois que je n'ai pas mal fait d'accepter la proposition de notre voisin Pachéco, l'alguasil, et du compère Torribio, qui doivent ce soir, venir souper ici.

AIR : *Du Tabac.*

On peut accepter un tel régal
Sans offenser le nœud conjugal;
Je ne sais quoi me dit tout bas
Que ce souper sera plein d'appas,
  Non que j'aime un repas,
  Moi gourmande à ce point,
    Point :
  Je n'y songeai jamais;
    Mais
Un souper vaut son prix,
    Pris
En dépit des maris.

SCÈNE VI.

Madame GONZALÈS, CHRISTINA.

CHRISTINA.

Mon père est parti. *(à part.)* Comment éloigner ma belle mère?

MAD. GONZALÈS, *à part*.

Il faut renvoyer cette petite fille, elle nous gênerait. *(haut.)* Allons, Mademoiselle, il se fait tard, prenez une lumière, et rentrez dans votre chambre.

CHRISTINA.

Mais, maman....

MAD. GONZALÈS.

Eh! bien, m'avez-vous entendue?

CHRISTINA *prend un bougeoir et s'en va bien lentement.*

J'y cours, vous le voyez. *(à part.)* Ah! mon dieu! ce pauvre Scipion mourra de faim!

(Christina va pour entrer dans sa chambre, lorsqu'on entend Carambola qui chante.)

CARAMBOLA, *en dehors*.

Air : *de Toberne*.

Écoutez la prière
Du pauvre Bachelier,
Donnez à sa misère
L'asile hospitalier.
O toi que je supplie,
Daigne être mon soutien,
Sourire à la folie,
Parfois faire du bien ;
D'embellir cette vie,
Voilà le vrai moyen.

CHRISTINA, *revenant*.

Ah! maman, on chante dans la rue.

MAD. GONZALÈS.

Vous voilà, toujours curieuse...vois donc un peu quel est ce musicien? *(Christina sort.)* Il a une fort jolie voix... C'est peut-être une sérénade, une galanterie de mes convives.

SCÈNE VII.

Mad. GONZALÈS, CHRISTINA, CARAMBOLA.

CHRISTINA.

Par ici, Monsieur, par ici.

CARAMBOLA,
Même air.

Je fais dans mon voyage
Plus d'un repas frugal ;
Mais il faut prendre en sage
Et le bien et le mal.
Moi, la philosophie
Est mon unique bien.
Chanter quand on s'ennuie,
Rire quand on n'a rien,
D'être heureux dans la vie,
Voilà le vrai moyen.

Recevez les remercimens du bachelier Carambola.

CHRISTINA.
Si c'était l'ami de Scipion ?

MAD. GONZALÈS.
Trève de chansons, ne peut-on savoir qui vous êtes et ce que vous desirez ?

CARAMBOLA.
Qui je suis, Madame ? je viens de vous le dire, bachelier par état, voyageur par goût, gai par caractère, et désirant, sur toutes choses obtenir un asile ici pour cette nuit.

MAD. GONZALÈS.
On ne reçoit pas ainsi des gens qu'on ne connoît pas.

CARAMBOLA.
Oh ! vous allez me connoître, mon histoire n'est pas longue.

AIR : *Vaudeville d'une heure de folie.*

Dès ma jeunesse, j'ai vécu
Comme un vrai sage de la Grèce ;
Aussi, j'ai rarement connu
Les embarras de la richesse.
Mais du destin bravant les coups,
La gaité me reste en partage ;
Et c'est le seul bien, entre nous,
Que je n'ai pu mettre en gage.

Aussi, depuis que je suis parti de Salamanque...

CHRISTINA.
De Salamanque.... C'est lui !

CARAMBOLA.
J'ai vécu avec ma guitare et mes chansons, et j'espère bien qu'elles me procureront encore un gîte pour cette nuit.

MAD. GONZALÈS.
Je ne le crois pas.

CARAMBOLA.

Et moi j'en suis sûr, une jolie femme a toujours un bon cœur, et vous devez avoir le meilleur cœur du monde.

MAD. GONZALÈS.

Il est galant.... Je suis fâchée de ne pouvoir justifier vos conjectures.... mais, mon mari étant absent, je ne puis vous recevoir.

CHRISTINA.

Allons, Maman, laissez-vous attendrir?

MAD. GONZALÈS.

Je vous prie de ne pas m'en vouloir...

CARAMBOLA.

Fi donc! je n'ai pas de rancune, et la preuve, c'est que je veux boire à votre santé; faites-moi seulement donner à souper, et le vin me fera tout oublier, excepté vos charmes.

MAD. GONZALÈS.

Pour le souper, encore, passe, mais pour le logis...

CARAMBOLA, *prenant sa guitare.*

Allons, il faut avoir recours aux grands moyens.

RÉCITATIF.

Fille des cieux, céleste Polymnie,
De tes accens prête-moi l'harmonie.

Boléro (de Ponce de Léon).

Hélas! pour fléchir votre cœur,
Pour calmer votre rigueur,
Dites-moi, que faut-il faire?
Près de vous, prompt à s'enflammer,
Chacun apprend l'art d'aimer;
Apprenez-moi l'art de plaire.
  Oui, pour vous plaire;
  Que faut-il faire?
  Un mot de vous,
Et je tombe à vos genoux.
Lorsque l'on a des yeux si doux,
Devroit-on être aussi sévère!
Allons, ma belle, rendez-vous
  A ma prière.
Allons, allons: ma belle, à mes vœux rendez-vous.

IIe COUPLET.

Je sens déjà qu'il est si doux
De rester auprès de vous.
Allons donc, beauté tigresse,
Par mes chants laissez-vous fléchir;
Me laisserez-vous mourir
Et de faim et de tendresse?

Cessez, ma belle,
D'être cruelle ;
Un mot de vous,
Et je tombe à vos genoux.
Lorsque l'on a des yeux si doux, etc.

MAD. GONZALÈS.

Ma foi, seigneur bachelier, vous vous installez si gaîment chez les gens, qu'on n'a pas la force de vous chasser, j'accepte vos services. *(à part.)* Il a l'air d'un galant homme, quel risque de lui découvrir ?... il est gai, aimable, d'ailleurs, il part demain. *(haut.)* Vous commenceriez bien par boire un coup, n'est-ce pas ?...

CARAMBOLA.

Deux, quatre, six, huit.

MAD. GONZALÈS.

Christina....

CHRISTINA.

J'y vais, Maman. *(à part.)* Bon ! il reste.

SCÈNE VIII.

CARAMBOLA, Madame GONZALÈS.

MAD. GONZALÈS, *mystérieusement.*

Vous vous attendez peut-être à passer une soirée bien triste.... mais si vous voulez promettre d'être discret, on pourra vous procurer des instans plus agréables.

CARAMBOLA, *à part.*

Oh ! oh ! mon mérite aurait-il déjà fait son effet ordinaire ? *(haut.)* Vous pouvez vous fier à moi, je sais garder un secret.

AIR : *L'Amour est de tout âge* (Belle au bois dormant).

Il faut de la discrétion,
Et pour moi jamais je n'y manque.
J'avois fait une passion...
Une veuve de Salamanque ;
Et malgré l'éternel caquet
Des bavards dont la ville abonde,
Cet amour fut toujours secret :
Demandez à tout le monde.

MAD. GONZALÈS.

Motus, au moins sur ce que vous verrez, apprenez que ce soir... Mais on vient, c'est Christina, silence !

SCÈNE IX.

LES PRÉCÉDENS, CHRISTINA *avec une bouteille, dont elle verse à Carambola.*

CARAMBOLA, *buvant.*

A la santé de mes aimables hôtesses.

MAD. GONZALÈS.

Allons, petite fille, rentrez. Vous, seigneur bachelier, je vais voir où l'on pourra vous loger.

CARAMBOLA, à part.

Très-prudent d'éloigner la petite fille.

CHRISTINA, s'approchant de Carambola, au moment où sa mère tourne la tête pour s'en aller.

Pourrait-on vous dire deux mots en particulier ?

CARAMBOLA, étonné.

Hein ! la petite aussi !

MAD. GONZALÈS, se retournant.

Eh ! bien Christina, m'avez-vous entendue ?
(Christina rentre lentement dans sa chambre, en lançant à Carambola un coup-d'œil expressif.)

CARAMBOLA, à part.

Qui m'eut dit en entrant, que j'allais être le héros de deux aventures galantes ? (à madame Gonzalès.) Ah ! Madame, comment vous exprimer le bonheur que.... Vous disiez donc ?...

MAD. GONZALÈS.

Que mon mari est absent.

CARAMBOLA, à part.

C'est délicieux ! en l'absence du mari.... ces bonnes fortunes-là n'arrivent qu'à moi.

MAD. GONZALÈS.

Que c'est aujourd'hui ma fête, et que nous avons le projet de faire un souper charmant.

CARAMBOLA, déconcerté.

Ah !

MAD. GONZALÈS.

Nous allons avoir bon vin, bonne compagnie; il ne tient qu'à vous d'être des nôtres.... Mais voici l'instant du rendez-vous, nos convives sont sans doute à la petite porte du jardin, et je vais leur ouvrir. (Elle sort par la porte du fond.)

SCENE X.

CARAMBOLA, CHRISTINA, (marchant sur la pointe du pied.)

CARAMBOLA.

Ah ! rien qu'un souper ! c'est domage. Mais ma foi, la petite est charmante, et vaut bien.... (l'appercevant.) Ah !

CHRISTINA.

Vous venez de Salamanque.... Connoissez-vous mon cousin Scipion?

CARAMBOLA.

Un garçon d'une sensibilité.... Il pleure toujours.

CHRISTINA.

Eh bien! pardon, si je vous dis ces choses-là. Nous nous aimons tous deux.

AIR: *Duo de l'arbre de Vincennes.*

Ma mère, hélas! blâme notre tendresse,
Changez pour nous le destin rigoureux;
Qu'à notre amour l'amitié s'intéresse :
Il est si doux de faire des heureux.

CARAMBOLA.

Parbleu! la fille et la mère ;
C'est jouer de malheur.
Le petit dieu de Cythère
Aujourd'hui me tient rigueur.
Au moins le souper
Ne peut m'échapper.
Oublions gaiment
L'amour en trinquant,
Et contentons-nous de faire
Le rôle de confident.

ENSEMBLE.

CHRISTINA.	CARAMBOLA.
Ma mère, hélas! blâme', etc.	Parbleu! la fille, etc.

CHRISTINA.

Oui, seigneur Bachelier, et Scipion est ici.

CARAMBOLA.

Il est ici... Parbleu! je partage bien votre joie, et, dans mon ravissement, il faut que je vous embrasse. (*Christina s'enfuit près de la porte du cabinet où est Scipion; Carambola l'embrasse, et dans ce moment Scipion passe sa tête par la lucarne*).

SCIPION.

Eh bien, à votre aise....., faites comme si je n'y étois pas.

AIR: *Quand Dieu, pour peupler la terre.*

C'est indigne, la traîtresse!
Oser me trahir ainsi !

CHRISTINA.

Mais je ne t'ai point trahi ;
Pour te gagner un ami
Mon cœur employa l'adresse.

SCIPION.

Quoi ! c'est pour nos intérêts....

CARAMBOLA.

Oui, comptez sur mes bienfaits.
N'accuse donc plus sa flamme,
Et sache qu'en tout pays,
Va, c'est toujours par sa femme
Que l'on se fait des amis.

Je possède le secret de Mad. Gonzalès, et demain je veux que vous soyez mariés.

CHRISTINA.

Vraiment mariés?...

CARAMBOLA.

Oui mariés... dans toute la force du terme.

SCIPION.

Si vous pouviez aussi me faire souper.

CARAMBOLA.

On vient.... Prends patience.

SCIPION.

Ce que je n'ai encore pris que cela d'aujourd'hui.
(*Christina rentre et Scipion referme le rideau*).

SCÈNE XI.

MAD. GONZALES, TORRIBIO, L'ALGUASIL,

entrant par le fond.

(*Carambola, sur le devant, et que les autres n'aperçoivent pas d'abord. Torribio et l'alguasil portent un grand panier dans lequel il y a un grand pâté et divers autres plats*).

CHŒUR.

AIR : *Comme ça vient, comme ça passe.*

Vive la bonne chère
Et vive les vins délicats !
Nous allons, je l'espère,
Ce soir faire un charmant repas.

TORRIBIO.

Certaine frayeur m'arrête
Au milieu de mon bonheur :
Je crains le vin pour ma tête,
La voisine pour mon cœur.

ENSEMBLE.

Vive, etc.

TORRIBIO, *riant.*

Ah ! ma voisine, il vient de nous arriver la plus

plaisante aventure !. Ah ! ah ! nous allons vous la raconter.

L'ALGUASIL, *froidement*.

Dansons et réjouissons-nous, car le temps passe et ne revient plus.

Mad. GONZALÈS.

Dites-moi donc enfin ce qui vous fait tant rire.

TORRIBIO.

Ah ! ah ! un bandoléros que nous avons bâtonné en chemin....,. (*Apercevant Carambola.*) Mais quel est cet homme-là ?

Mad. GONZALÈS.

Un pauvre bachelier de Salamanque, qui a demandé l'hospitalité pour cette nuit.

TORRIBIO.

De Salamanque ! Ce doit être un camarade de mon fils Scipion.... Mais ce drôle-là m'a l'air d'avoir une mauvaise physionomie...

L'ALGUASIL.

Ne peut-on pas lui donner deux ou trois réaux, et qu'il poursuive son chemin ?

TORRIBIO.

En effet, il ne me convient pas.

CARAMBOLA.

Laissez donc ; nous nous convenons à ravir. Vous avez faim, j'ai bon appétit ; vous avez de l'esprit, je n'en manque pas ; vous aimez la joie, je ne demande qu'à rire. Vous voyez donc que nous sommes faits l'un pour l'autre. Je m'en rapporte à ce gros réjoui (*montrant l'alguasil*).

L'ALGUASIL, *froidement*.

Ah ! il me trouve gros réjoui : cet homme-là est badin ; nous serons bien ensemble.

CARAMBOLA.

D'ailleurs je chante, je bois, je danse, j'accommode une alla podrida à miracle, et je la mange encore mieux ; laissez faire.

TORRIBIO, *riant*.

Ah ! il a le mot pour rire : tu seras des nôtres.

L'ALGUASIL.

Il sera des nôtres ; c'est dit..... Dansons et réjouissons-nous.

Mad. GONZALÈS.

Mais, que disiez-vous donc en entrant ?

TORRIBIO.

Vous allez le savoir. En allant chez le rôtisseur, qui demeure à l'autre bout du village, nous avons rencontré dans le chemin creux qui longe le petit bois, une espèce d'homme qu'à sa tournure nous avons pris pour un baudoléros. En nous voyant deux, le coquin a voulu tourner bride et nous éviter ; mais sans lui donner le temps de se reconnoître, nous sommes tombés sur lui. Ah ! ah ! lui de crier....., et son cheval de s'enfuir..... Ah ! ah ! il falloit voir.

L'ALGUASIL, *froidement.*

C'étoit en effet très-plaisant, et je ris encore rien que d'y penser, eh ! eh ! eh !

TORRIBIO.

Vous voyez que nous nous en sommes bravement tirés, nous et nos provisions.
(*Il montre le panier où sont les pâtés, bouquets, verres, etc.*)

Mad. GONZALÈS.

Que vois-je ? Ah ! quelle aimable galanterie !

TORRIBIO.

N'est-ce pas aujourd'hui votre fête ? (*Il lui offre un bouquet.*)

AIR : *Traitant l'Amour sans pitié.*

Trois fleurs forment ce bouquet,
Acceptez-le, je vous prie ;
Car c'est une allégorie
Qui peint un amour discret.
Ce myrthe-là se propose
De célébrer cette rose.
Vient l'iris qui lui dit : ose.
Il s'approche avec effroi...
Aisément on le devine :
La rose, c'est vous, voisine,
Le tendre myrthe, c'est moi.

Mad. GONZALÈS.

Ah ! que c'est délicat !

CARAMBOLA.

Allons, seigneur.....

AIR : *De six mois d'absence.*
(*Pendant ce morceau, Carambola verse à boire à l'alguasil.*)

CARAMBOLA.

La folie est de tous les âges ;
De jouir soyons donc jaloux ;

Il est toujours temps d'être sages,
Quand on ne peut plus être foux.

   L'ALGUASIL, *plaçant une chaise.*

Ici je vais être à merveille.

    TORRIBIO.

Je veux m'enivrer en ce jour,
Entre l'amour et la bouteille,
Entre la bouteille et l'amour.

    ENSEMBLE.

La folie est de tous les âges, etc.

    L'ALGUASIL.

Ce petit doigt de vin m'a tout émoustillé.... Si je m'y mets une fois, comme nous allons rire! Allons, ma voisine, un petit air de fandango.... je me sens en gaîté.

    Mad. GONZALÈS.

Seigneur bachelier, jouez-nous un boléro ou une danse française.

    CARAMBOLA.

Volontiers. Voulez-vous un rigaudon? j'en ai un de ma composition que j'ai arrangé....

    L'ALGUASIL.

Va pour un rigaudon.

CARAMBOLA, *chante en s'accompagnant de la guitare.*

   AIR: *Lon, lan, la.*

   Iᵉʳ COUPLET.

Pour fléchir la plus cruelle,
Amour fit le rigaudon;
C'est par lui que mainte belle
S'trémousse sur le gazon.
Et zon, zon, zon, zon,
 Mademoiselle,
 Allez donc,
 Un rigaudon.

   IIᵉ COUPLET.

Dame que l'plaisir enflamme,
Parfois danse à l'unisson;
Mais lorsque danse la femme,
Monsieur paie le violon.
Et zon, zon, zon, zon,
 Sautez, madame,
 Allez donc,
 Un rigaudon.
 (*Ils dansent.*)

IIIᵉ COUPLET.

Sur la fin de sa carrière,
Cherchant à r'prendre le ton,
Ou voit l'antique douairière
Dire encore au vieux barbon :
Et zon, zon, zon, zon,
   Sautez, cher père,
   Allons donc
   Un rigaudon.

(*Au milieu de la danse, on entend frapper rudement. Grand silence.*)

GONZALES, *en dehors.*

Holà! ho! ma femme, c'est moi.

Mad. GONZALÈS.

Ah! malheureuse que je suis.... c'est mon mari!

AIR: *Au clair de la lune.*

Quel retour funeste!
Cachez-vous céans;
Quant à moi, je reste
Pour gagner du temps.

TORRIBIO.

Le diable t'emporte!

CARAMBOLA.

J'avois si beau jeu!

GONZALÈS.

Ouvre donc la porte
Pour l'amour de Dieu.

CHRISTINA, *en dehors.*

Est-ce que vous n'entendez pas? On frappe; ça m'a réveillé en sursaut.

Mad. GONZALÈS.

A l'autre, maintenant! Eh! c'est bon. (*Se mettant au balcon*) Qui est-ce qui est là?

GONZALÈS, *en dehors.*

Le seigneur Gonzalès.

Mad. GONZALÈS.

Ah! c'est toi, mon ami! (*à part*) Quel contre-temps! (*Pendant ce colloque, Torribio et l'alguasil ont porté la table dans la pièce du fond, et y restent cachés. Carambola, après avoir quelque temps cherché, se cache dans le cabinet où est déjà Scipion*).

SCÈNE XII.

Mad. GONZALÈS, CHRISTINA, GONZALES.

Mad. GONZALÈS.

AIR : *Voyage, voyage* (d'Azémia).

Ah! que j'avois d'impatience,
Mon cher époux, de te revoir !
Mais, cependant, sur ta présence
J'étois loin de compter ce soir.
  Quel accident contraire
  Rends tes pas superflus ?
  Dis-moi par quel mystère....

GONZALÈS, *se jetant dans un fauteuil.*

Je n'en puis plus.
Laisse-moi respirer, ma chère.
Va, de long-temps on n'en verra
  Comme celui-là.

CHRISTINA.

Qu'est-ce donc cela ?
Mon petit papa,
Contez-nous donc ça.

Mad. GONZALÈS.

Paix là ! paix là !

GONZALÈS.

Que sais-je ? des bandoléros, des bâtons...... C'est décidé, je ne quitte plus mes foyers.

Voyage (*bis*) désormais qui voudra.

Mad. GONZALÈS.

Ah ! mon Dieu ! comme te voilà fait !

GONZALÈS. (*Il est dans le plus grand désordre, crotté, poudré.*)

Fait ! dis donc plutôt défait.... Ne suis-je pas bien pâle, dis-moi ?

Mad. GONZALÈS.

Mais, enfin, que t'est-il arrivé ?

GONZALÈS.

Je passois tranquillement dans le chemin creux, lorsque je vis venir à moi deux hommes, qu'à leur physionomie je pris pour des bandoléros : je voulois les éviter ; ma bête ne le voulut pas, et alla droit à eux.

Mad. GONZALÈS, *à part.*

O ciel ! mais c'est l'aventure de Torribio !

GONZALÈS.

Alors, sans aucune conversation préliminaire, ils tombent sur mon cheval.

Mad. GONZALÈS.

Que sur le cheval?

GONZALÈS.

Et sur moi, puisque j'étois sur lui.

Air : *L'hymen est un lien charmant.*

Sur le maître et sur le cheval,
Sur le cheval et sur le maître,
Ils frappent sans vouloir connoître
Quel est le maître ou l'animal.
Entr' les deux tout se partage
Avec une telle équité,
Que, grâce à leur aveugle rage,
Je n'ai pas été mieux traité
Que mon compagnon de voyage.

MAD. GONZALÈS ET CHRISTINA.

Ah! dieux!

GONZALÈS.

Voilà mon aventure en gros; (*remuant les épaules.*) je te passe les détails. Mais toi, qu'as-tu fait en mon absence? Personne n'est-il venu te voir?

MAD. GONZALÈS.

Oh! personne, depuis ton départ.

CHRISTINA, *bas à sa mère.*

Ah! cependant, ce bach......

MAD. GONZALÈS.

Taisez-vous perronelle.

(*On entend tomber un meuble dans le cabinet où sont Carambola et Scipion.*)

MAD. GONZALÈS ET CHRISTINA, *à part.*

L'imprudent!

GONZALÈS.

Quel est ce bruit?... Quelqu'un est dans ce cabinet... N'as-tu pas entendu comme moi?

MAD. GONZALÈS, *tremblante.*

Moi?.... non, et toi, Christina?

CHRISTINA.

Ni moi.

GONZALÈS.

Cependant je suis bien sûr.....

CHRISTINA.

Peut-être la fenêtre est-elle ouverte, et le vent aura renversé..

GONZALÈS.
Il est vrai qu'il fait un vent affreux.
(*On entend Carambola qui s'embarrasse dans une chaise, et qui dit*) :
CARAMBOLA.
Maudite chambre ! on n'y voit goutte.
CHRISTINA, *à part.*
C'est Scipion !
Mad. GONZALÈS, *à part.*
C'est Carambola !
GONZALÈS, *tremblant et s'efforçant de paroître en colère.*
Cette fois, ce n'est point le vent.... c'est bien la voix d'un homme.
Mad. GONZALÈS.
Mon ami, je puis t'assurer que j'ignore....
GONZALÈS, *à Christina.*
Et vous, mademoiselle, parlerez-vous ?
CHRISTINA, *tremblante.*
Allons, puisqu'il faut tout avouer, c'est moi qui, ce soir, ai reçu, malgré votre défense.... Oh ! je vous en prie, ne me grondez pas.
Mad. GONZALÈS, *vivement et avec un coup-d'œil expressif.*
Comment ! ce bachelier auquel j'avois refusé un asile ?
CHRISTINA, *saisissant promptement son idée.*
Oui....., oui, maman, ce bachelier ; c'est lui-même : comme il me faisoit pitié, je l'ai fait entrer là sans vous en prévenir.
Mad. GONZALÈS, *bas.*
Charmante enfant ! (*haut*) Voyez la petite sotte ! Mais où est-il ce bachelier ?
GONZALÈS.
Oui, où est-il ? J'aime à exercer l'hospitalité, et si.... C'est qu'il m'a fait presque peur !
CHRISTINA, *allant vers le cabinet.*
Venez, seigneur Carambola ; on ne m'en veut pas de ce que je vous ai fait entrer sans permission. (*bas*) Vous m'entendez.
CARAMBOLA, *paroissant.*
J'entends.

SCÈNE XIII.

LES PRÉCÉDENS, CARAMBOLA.

CARAMBOLA, *à part.*
Le maudit homme ! Il avoit bien besoin de venir pour

nous empêcher de souper. *(haut.)* Si j'avois su, seigneur, que le maître de cette maison fût céans, je me serois empressé.... *(à part.)* Oh ! j'en tâterai à quelque prix que ce soit.

GONZALÈS.

Mais il a bonne tournure.

CARAMBOLA, *regardant Gonzalès.*

Eh ! mais, ne me trompé-je point ? je vous ai vu à Salamanque.

GONZALÈS.

Il est vrai que j'y ai été deux fois.

CARAMBOLA.

Eh ! oui...., cet air distingué...., cette physionomie savante..... J'y suis ; vous êtes sans doute un des docteurs de la Faculté de Médecine.

GONZALÈS.

Ah ! c'est trop d'honneur...... je suis Gonzalès, barbier-chirurgien, tout simplement.

CARAMBOLA.

C'est ce que je voulois dire. Quoi ! vous seriez ce fameux Gonzalès dont tout Salamanque vante les cures merveilleuses......, l'esprit......, l'érudition....

GONZALÈS.

Eh ! eh ! eh ! la ville de Salamanque est mille fois trop honnête..... Du reste, je suis ce Gonzalès dont vous parliez.... Ce jeune homme-là a une manière de s'exprimer qui prévient en sa faveur.

CARAMBOLA.

Parbleu ! monsieur, je serois charmé de posséder votre amitié.

GONZALÈS.

Et moi, ravi..... Mais si vous voulez, nous allons faire plus ample connoissance le verre à la main.... Je me sens là un appétit......

CARAMBOLA.

Monsieur a fait de l'exercice ?

GONZALÈS.

Mais on m'en a fait faire pas mal. *(à sa femme.)* Ma femme, donne-nous donc quelque chose à manger.

Mad. GONZALÈS.

Mon ami, tu sais bien que je n'attendois pas...., et je n'ai rien.

GONZALÈS.

Voilà qui est fâcheux..... A l'heure qu'il est tout est fermé.

CARAMBOLA.

Ma foi, mon cher hôte, puisque vous n'avez rien à me donner, il faut que ce soit moi qui vous régale : apprenez qu'il ne tient qu'à moi d'avoir en ce moment un repas complet et un vin délicieux.

Mad. GONZALÈS, *à part.*

O ciel! que veut-il dire?

GONZALÈS.

Et qui vous donnera tout cela?

CARAMBOLA.

Qui? Mon art; mais la crainte de la justice me lie les mains.

GONZALÈS, *effrayé.*

La justice!.... Seroit-ce encore un bandoléros?

CARAMBOLA.

Eh! non, apprenez que je suis un fameux nécromancien, et si vous voulez, je vais me faire apporter ici par deux diables une table garnie de provisions.

CHRISTINA.

Des diables ici! Jésus Maria! quelle horreur!

Mad. GONZALÈS, *à part.*

J'ai le sang tout glacé de penser à ce qu'il veut faire.

GONZALÈS.

Oh! pour moi, je n'oserai jamais.....

Mad. GONZALÈS.

Sans doute, seigneur Bachelier,.... il doit y avoir trop de danger.....

CARAMBOLA, *bas.*

Aucun, si vous êtes discrette.

GONZALÈS, *indécis.*

Cependant s'il n'y a pas de dangers, je serais curieux de voir quelle figure ont les dîners de ces messieurs..... Vous m'assurez que les mets sont copieux et délicats?

CARAMBOLA.

Nous pouvons demander la carte,.... ou plutôt c'est aujourd'hui la fête de Madame; voulez-vous un pâté superbe, garni de fleurs?

GONZALÈS.

Me voilà presque déterminé;.... mais néanmoins que vos diables n'aient rien d'affreux dans la physionomie.

CARAMBOLA.

Voulez-vous que je les fasse paroître sous la figure de l'alcade de ce village et de l'alguasil son ami?

LE BACHELIER

Mad. GONZALÈS, *à part.*

Je suis morte ! il va tout découvrir.... Monsieur, vous avez donc juré de....

CARAMBOLA, *à part.*

Eh ! non, je veux vous sauver.

GONZALÈS.

Les pauvres gens ! Quoi ! il seroit permis à des diables d'emprunter leurs figures ?

CARAMBOLA.

Sans doute. Une autre forme leur seroit peut-être plus difficile à prendre ; mais de diable à alguasil il n'y a que la main ; et cela va se faire presque sans métamorphose. Silence ! je commence.

AIR : *Noirs Habitans de la nuit éternelle,* (du Sorcier de Philidor).

Noirs habitans de la nuit infernale,
   Farfadets joyeux et friands ;
   Vous qui protégez les gourmands,
   Les sous-fermiers et les traitans,
C'est un ami que ce soir je régale.
   Entrez (*4 fois.*),
Dans un instant vous les verrez :
   Ils s'élancent,
   Ils s'avancent :
   Rien ne balance
   Ma puissance.

SCÈNE XIV.

LES PRÉCÉDENS ; TORRIBIO, L'ALGUASIL (*ils ouvrent tout-à-coup la porte du fond, et apportent la table servie et éclairée*).

CARAMBOLA.

AIR : *Des Sauvages.*

   Bon !
Messieurs les démons !

GONZALÈS, *regardant à travers ses doigts.*

   Mais ce régal
   N'est pas trop mal :
   Ceci, surtout,
   Seroit de mon goût.
   Ah ! si j'osois,
   J'en tâterois !
   Ce mets friand
N'a pas l'air effrayant.

TORRIBIO, L'ALGUASIL (*dansant devant la table en diables d'Opéra.*)

 Gniac !
J'ai dans mon bissac
Plus d'un micmac.....
De Rome à Cognac....

CARAMBOLA.

C'est assez, c'est assez.

GONZALÈS.

Comme ils ressemblent à l'alcade et à l'alguasil !

CHRISTINA.

Mais ils ne sont pas trop laids.

GONZALÈS.

Oui, pas mal..... la beauté du diable ! Voilà qui est vraiment admirable.

CARAMBOLA.

A boire.

(*L'alcade et l'alguasil versent à boire à Gonzalès, qui fait divers lazzis avant d'accepter.*)

AIR : *De la Paix et l'Innocence.*

Notre vin est loin, sans doute,
De celui qu'on boit chez eux ;
Et l'enfer que l'on redoute
N'est que la cave des cieux.

à part. Il est dupe de la fraude.

GONZALÈS, *après avoir bu.*

Ce qu'on ne croira jamais,
C'est qu'une cave aussi chaude
Puisse tenir le vin frais.

CARAMBOLA.

Allons, mettons-nous à table.

GONZALÈS.

Est-ce qu'ils vont souper avec nous ? Ce n'est pas que je sois fier.

CHRISTINA.

Est-ce que les diables mangent.

TORRIBIO.

Oui, vraiment, il y en a qui mangent ; et nous sommes de ceux-là.

L'ALGUASIL.

Pour moi, j'ai une faim d'enfer.

GONZALÈS.

Je le crois bien.

(*Ils vont pour s'asseoir.*)

CARAMBOLA.

Un instant ! il me vient une idée. Ce n'est là qu'un simple souper ; si nous en faisions un repas de nôces ?

TOUS.

Comment ça ?

CARAMBOLA.

En mariant votre fille ; car je m'intéresse à elle, ainsi qu'à toute la famille, et je veux terminer cette affaire avant mon départ.

GONZALÈS.

Quelle bonté !

CARAMBOLA.

Mon art m'apprend qu'elle aime Scipion Torribio.... Je les unis ensemble. (*à Mad. Gonzalès.*) Je sais ce que vous allez dire : Scipion est trop jeune, il n'a pas d'état ; mais je promets de faire quelque chose pour eux, et vous sentez qu'avec ma protection....

GONZALÈS.

Il n'y a pas de doute : avec une protection comme celle-là, on peut aller à tout....

Mad. GONZALÈS, *bas*.

Mais, Monsieur, quel motif peut vous engager ?....

CARAMBOLA.

Silence ! ou je vais parler.... et si je prononce certaines paroles...

Mad. GONZALÈS.

Mais on ne traite pas ainsi ces sortes d'affaires. Certainement je ne refuse pas, mais encore faut-il que le fils soit ici.... (*avec intention*) que le père y soit, qu'on puisse avoir son consentement.

GONZALÈS.

Elle a raison.... il faut la vraie signature, et monsieur ne peut pas avec sa griffe.....

CARAMBOLA.

Si ce n'est que le consentement du père, la présence du fils ; tout cela n'est qu'un jeu pour moi, et d'un coup de baguette.....

Mad. GONZALÈS.

Je vous prends au mot ; et puisque rien ne vous est impossible, si vous pouvez à l'instant, mais je dis à l'instant même, remplir ces deux conditions, je donne mon consentement.

TORRIBIO, *à part*.

Voilà le sorcier un peu embarrassé.

CARAMBOLA.

J'accepte.

L'ALGUASIL.

Comment va-t-il faire ?

CARAMBOLA, à Torribio.

Alla boraka astaroth, mon génie familier, je vous ordonne de vous rendre à l'instant chez Torribio, et d'en rapporter le contrat tout dressé et tout signé : allez. (Musique. *Torribio entre dans le cabinet.*)

GONZALÈS.

J'aurois bien voulu le voir sortir par le trou de la serrure.

CARAMBOLA.

Il falloit donc le dire; ça ne me coûtoit pas plus.

Mad. GONZALÈS.

A la bonne heure ! mais il nous faut Scipion, et il est à Salamanque.

CARAMBOLA.

Dix lieues ! c'est une bagatelle.

AIR : *Lise épouse le beau Germance.*

Il est amoureux et tendre,
(*haussant la voix.*) Et sans peine il doit m'entendre.
Turc, Indien, Persan, Chinois,
Obéissent à ma voix.
Ma puissance est infinie ;
Et fut-il au Kamschatka,
L'amour ainsi qu'la magie
N'connoissent pas ces distanc'là.

(Musique, *Torribio sort du cabinet, le contrat à la main.*)

GONZALÈS.

Ma foi ! c'est l'écriture du compère !

CARAMBOLA.

Maintenant.....

Mad. GONZALÈS.

Son assurance m'effraie.

CARAMBOLA.

AIR : *Du Port Mahon.*

Toi dont l'obéissance
Prouva
Déjà
Ma toute puissance,
Montre par sa présence
Comme en un tour de main

Un lutin
Fait soudain
Du chemin.
Que Scipion à l'instant
Paroisse.... ou par Satan.
Redoute ma colère;
Mais,.. oui,
C'est lui !
Le charme s'opère.
Sous moi tremble la terre,
Belzébuth me dit là,
Le voilà.

SCÈNE XV.

LES PRÉCÉDENS, SCIPION.

SCIPION.

Me voilà !

TOUS, *dans le plus grand étonnement.*

Le voilà !
Le voilà !

Mad. GONZALÈS, TORRIBIO, L'ALGUASIL, GONZALÈS.

AIR : *O ciel! la plaisante aventure!* (de la Belle au bois dormant.)

ENSEMBLE.

O ciel ! quel est donc ce mystère
Qu'en vain je cherche à concevoir ?
Il parle, et la nature entière
Semble obéir à son pouvoir.

SCIPION, CHRISTINA, *à part.*

Je comprends fort bien ce mystère ;
Rien ne résiste à son pouvoir.
Il parle, etc.

CARAMBOLA, *gravement.*

Un tel prodige est un mystère
Qu'en vain on voudroit concevoir ;
Je commande au ciel, à la terre,
Rien ne résiste à mon pouvoir.

Mad. GONZALÈS, *réfléchissant.*

Oui, l'aventure est incroyable.

GONZALÈS.

De Scipion c'est bien le portrait.

TORRIBIO, *à part.*

Seroit-ce un sorcier véritable ?

DE SALAMANQUE.

L'ALGUAZIL, *à part.*

Et serois-je un diable en effet ?

TOUS.

O ciel ! quel est donc, etc.

CHRISTINA et SCIPION, *à part.*

Grands dieux ! protégez son audace.

CARAMBOLA.

Hésiteriez-vous, à présent ?

Mad. GONZALÈS, *à part.*

Il faut céder de bonne grace,
Quand on ne peut faire autrement.

(*Unissant Scipion et Christina.*)

TOUS.

Formez donc cet hymen prospère ;
Ce qu'il veut, il faut le vouloir,
Puisque dans la nature entière
Rien ne résiste à son pouvoir.

CARAMBOLA.

Je vous demande le plus profond secret sur tout ce qui vient de se passer.

GONZALÈS.

Je vous le promets.

VAUDEVILLE.

CARAMBOLA.

AIR : *Vaudeville des Baladines.*

Malgré l'envie
Et ses traits,
Gai, gai, vive la magie !
Je veux chanter désormais,
Gai, gai, vive ses secrets.

TOUS.

Malgré l'envie, etc.

SCIPION.

Graces à votre art tutélaire,
Je vais enfin me marier.
Pour être heureux que faut-il faire ?
Dites-le moi, seigneur sorcier.

LE BACHELIER.

CARAMBOLA.

De peur d'accidens fâcheux,
Gai, gai, tiens-toi ferme, ferme;
Et si tu fais encor mieux,
Gai, gai, ferme
Les deux yeux.

TOUS.

Honneur à ce grand sorcier,
Gai, gai, vive la magie!
Désormais je veux crier:
Gai, gai, vive le sorcier!

GONZALÈS.

Mais, cependant, daignez m'entendre;
Si l'on y voyoit malgré soi,
Alors quel moyen faut-il prendre?
Seigneur sorcier, dites-le moi.

CARAMBOLA.

Il faut prendre, mon ami,
Gai, gai, vite prendre, prendre
Sans regret et sans souci,
Gai, gai, prendre son parti.

TOUS.

Honneur à ce grand sorcier, etc.

CHRISTINA.

Vous dont le rare savoir-faire
Range l'univers sous sa loi,
Comment captiver le parterre?
Seigneur sorcier, dites-le moi.

CARAMBOLA, *à Christina*.

Le plus grand magicien,
   Ma chère,
  C'est le parterre;
Hélas! mon pouvoir n'est rien,
Si de lui je ne le tien.

CHŒUR.

Honneur à ce grand sorcier,
Gai, gai, vive la magie!
Désormais je veux crier:
Gai, gai, vive le sorcier!

FIN.

De l'Imprimerie de DOUBLET, rue Gît-le-Cœur, n° 7.

LA MORT

ET

LE BUCHERON,

FOLIE-VAUDEVILLE

EN DEUX ACTES,

DE M. DUPIN ET M.*** *Scribe*

L'amour s'en va toujours trop vite,
Et la mort vient toujours trop tôt.

Représentée pour la première fois sur le théâtre du Vaudeville, le 20 Mai 1815.

A PARIS,

Chez Mme. MASSON, Editeur de Pièces de Théâtre, rue de Richelieu, n°. 7, en face le théâtre Français.

1815.

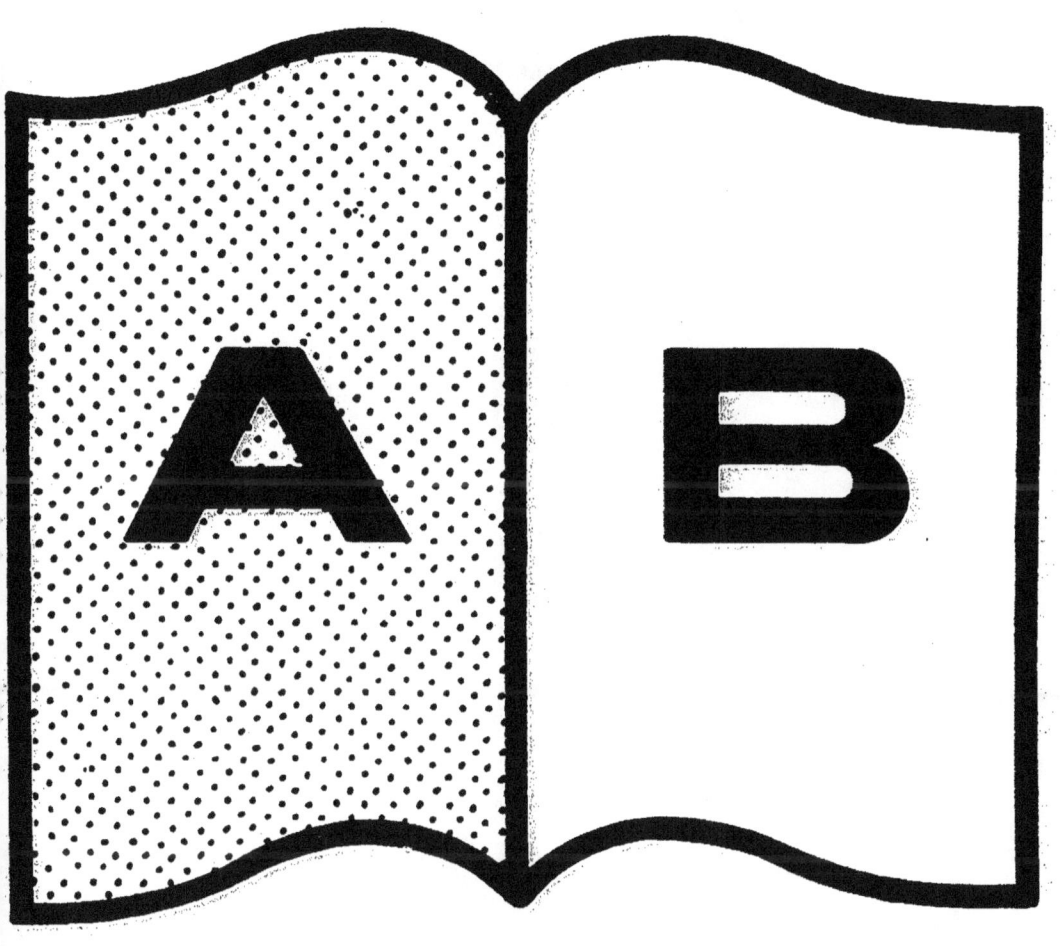

Contraste insuffisant

NF Z 43-120-14

www.ingramcontent.com/pod-product-compliance
Lightning Source LLC
Chambersburg PA
CBHW060601050426
42451CB00011B/2024